Impressum
Verlag: BABADADA GmbH, Nedderfeld 112 , 22529 Hamburg
Geschäftsführer / Verlagsleitung: Harald Hof
Druck: Books on Demand GmbH, In de Tarpen 42, 22848 Norderstedt

Imprint
Publisher: BABADADA GmbH, Nedderfeld 112 , 22529 Hamburg, Germany
Managing Director / Publishing direction: Harald Hof
Print: Books on Demand GmbH, In de Tarpen 42, 22848 Norderstedt, Germany

المدرسة

School

القسم
Klassenstuuv
يقسم
delen
186/2
اللوح
Tafel
Schoolhoff
المعلّم
Schoolmeester
ورقة
Papeer
يكتب
schrieven
القلم
Sticken
طاولة المكتب
Schrievdisch
المسطرة
Lienholt
الكتاب
Book
التلميذ
Schöler

الحقيبة المدرسية
....
Ranzel

المقلمة
....
Feddermapp

قلم الرصاص
....
Bleesticken

البرّاية
....
Scharpmaker

المِمحاة
....
Radeergummi

دفتر الرسم
....
Tekenblock

2 المدرسة - School

الرسمة

Teken

الفرشاة

Pinsel

علبة التلوين

Malkassen

المقص

Scheer

المادة اللاصقة

Klever

دفتر التمارين

Heft to'n Öven

الواجب المدرسي

Huusopgaav

الرقم

Tall

يجمع

tohooptellen

يطرح

aftrecken

يضرب

malnehmen

يحسب

reken

الحرف

Bookstaav

الأبجدية

ABC

كلمة

Woort

النص

Text

يقرأ

lesen

الطبشور

Kried

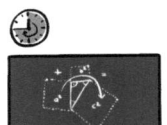

الحصة

Stunn

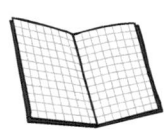

دفتر الدوام المدرسي

Klassenbook

الامتحان

Pröven

شهادة

Tüügnis

اللباس المدرسي

Schooluniform

التعليم

Utbillen

الموسوعة

Nakieksel

الجامعة

Universität

المِجهر

Mikroskop

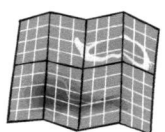

الخريطة

Koort

قماما

Papeerkorf

سفر

Törn

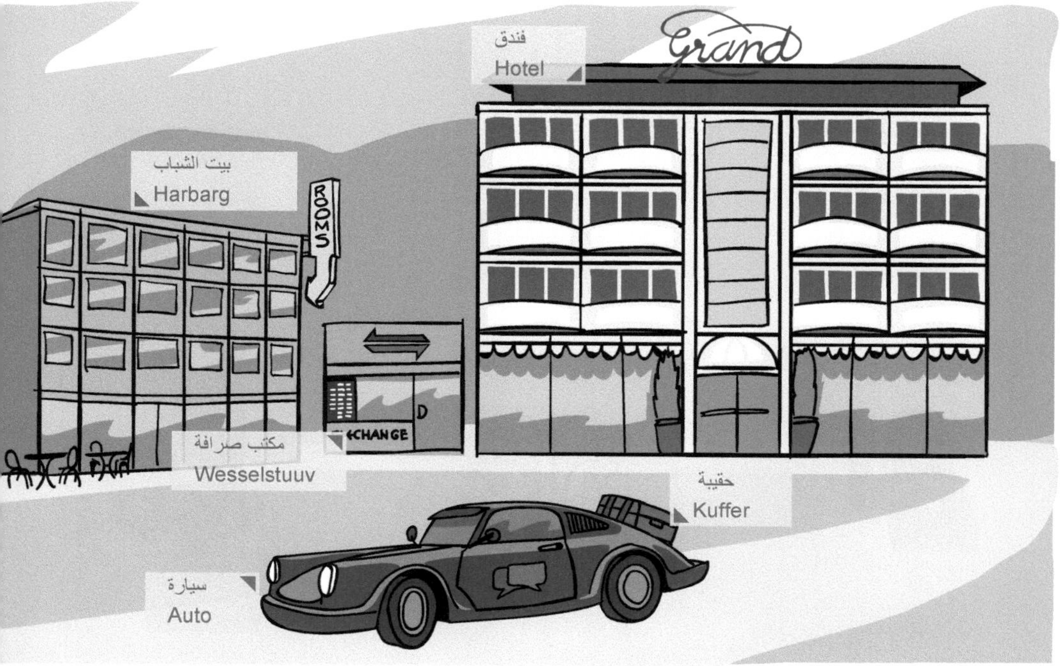
فندق
Hotel
Grand
بيت الشباب
Harbarg
ROOMS
مكتب صرافة
Wesselstuuv
CHANGE
حقيبة
Kuffer
سيارة
Auto

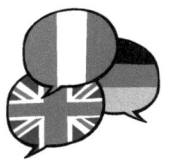

اللغة

Spraak

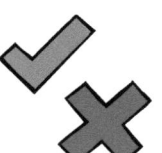

نعم / لا

jo / ne

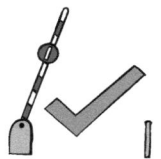

حسناً

Jo

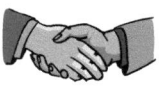

مرحباً

Moin

مترجم

Översetter

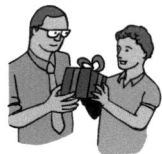

شكراً

Dank ok

كم ثمن ... ؟

Wat kost…?

لا أفهم

Ik verstah nich

مشكلة

Problem

مساء الخير

Goden Avend

صباح الخير!

Moin!

ليلة سعيدة

Gode Nacht!

إلى اللقاء

Tschüüs

اتجاه

Richt

أمتعة السفر

Bagaasch

حقيبة

Tasch

حقيبة ظهر

Rüchsack

ضيف

Gast

غرفة

Stuuv

كيس للنوم

Slaapsack

خيمة

Telt

سفر - Törn

استعلامات سياحية

Touristeninformatschoon

شاطئ

Strand

بطاقة ائتمان

Kreditkoort

إفطار

Fröhstück

طعام الغداء

Meddageten

العشاء

Avendeten

بطاقة سفر

Fohrkort

مصعد

Fohrstohl

طابع بريدي

Breefmark

حدود

Grenz

الجمارك

Toll

سفارة

Bottschop

تأشيرة

Visum

جواز سفر

Pass

نقل
Transport

طائرة
Fleger
سفينة
Schipp
سيارة إطفاء
Füerwehrauto
حافلة
Autobus
سيارة شاحنة
Lastwagen
زورق آلي
Motoorboot
دراجة
Fohrrad
سيارة
Auto

عبارة
Fähr

قارب
Boot

دراجة نارية
Motoorrad

سيارة شرطة
Polizeiauto

سيارة سباق
Rönnauto

سيارة مستأجرة
Lehnwagen

أسلوب تشاركي في استئجار السيارات

Carsharing

سيارة للجر

Afsleepwagen

سيارة نقل القمامة

Müllauto

محرك

Motoor

وقود

Kraftstoff

محطة وقود

Tanksteed

إشارة مرور

Verkehrsschild

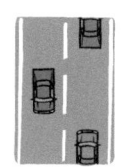

حركة السير

Verkehr

ازدحام سير

Stau

موقف سيارات

Afstellplatz

محطة قطار

Bahnhoff

سكك حديدية

Sporen

قطار

Tog

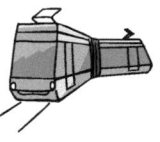

ترام

Stratenbahn

عربة قطار

Wagon

طائرة مروحية
Dwarsmöhl

مطار
Flooghaven

برج
Tower

مسافر
Fohrgast

حاوية
Grootkist

علبة كرتون
Karton

عربة يد
Koor

سلة
Korf

يقلع / يهبط
starten / lannen

مدينة

Stadt

قرية
Dörp

مركز المدينة
Binnenstadt

بيت
Huus

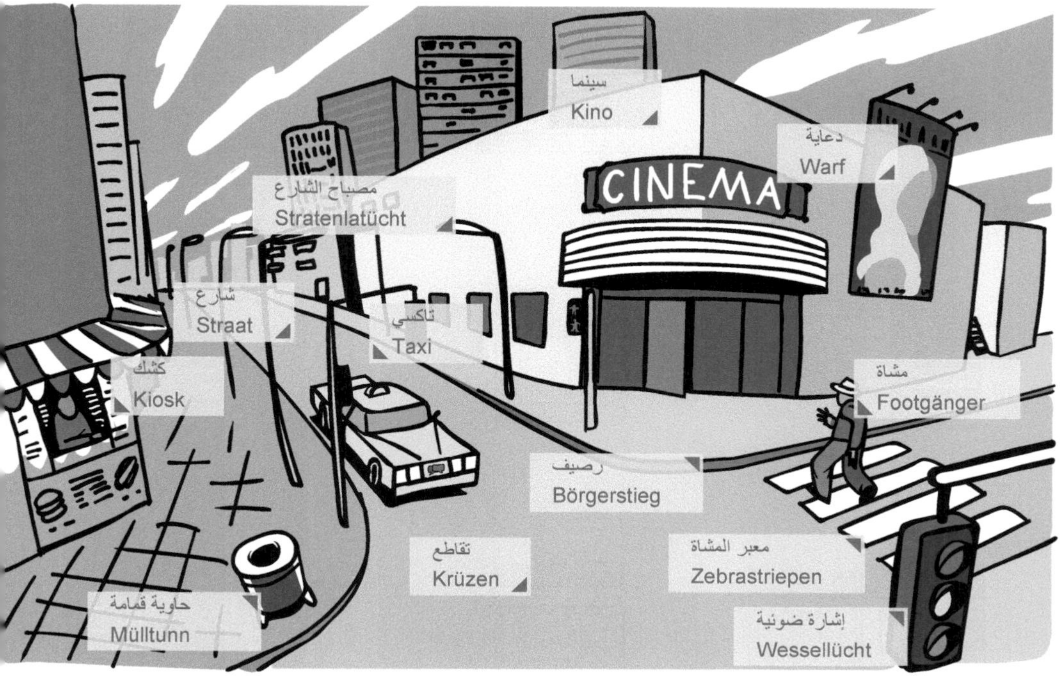

سينما
Kino

دعاية
Warf

مصباح الشارع
Stratenlatücht

CINEMA

شارع
Straat

تاكسي
Taxi

كشك
Kiosk

مشاة
Footgänger

رصيف
Börgerstieg

تقاطع
Krüzen

معبر المشاة
Zebrastriepen

حاوية قمامة
Mülltunn

إشارة ضوئية
Wessellücht

كوخ
Hütt

شقة
Wahnung

محطة قطار
Bahnhoff

دار البلدية
Raathuus

متحف
Museum

المدرسة
School

الجامعة

Universität

مصرف

Bank

المستشفى

Krankenhuus

فندق

Hotel

صيدلية

Afteek

مكتب

Büro

مكتبة

Bookhökerie

متجر

Hökerie

محل لبيع الزهور

Blomenhökerie

سوبرماركت

Supermarkt

سوق

Markt

متجر كبير

Koophuus

تاجر السمك

Fischhökerie

مركز تسوّق

Inkoopszentrum

ميناء

Haven

حديقة عامة

....

Parkanlaag

مقعد

....

Bank

جسر

....

Brüch

درج، سلم

....

Trepp

مترو

....

Ünnergrundbahn

نفق

....

Tunnel

موقف حافلات

....

Busstoppsteed

بار

....

Bar

مطعم

....

Spieslokal

صندوق البريد

....

Breefkassen

لافتة باسم الشارع

....

Stratenschild

مقياس زمن الوقوف

....

Parkklock

حديقة حيوانات

....

Deertenpark

مسبح

....

Baadanstalt

مسجد

....

Moschee

مزرعة

Buernhoff

تلوث البيئة

Ümweltversmudden

مقبرة

Karkhoff

كنيسة

Kark

ملعب الأطفال

Speelplatz

معبد

Tempel

طبيعة ريفية

Landschop

ورقة
Blatt

علامة إرشاد
Wiespahl

طريق
Weg

مرج
Wisch

حجر
Steen

شجرة
Boom

رحالة
Wannerer

نهر
Fluss

عشب
Gras

زهرة
Bloom

وادٍ
....
Daal

جبل
....
Barg

بحيرة
....
See

غابة
....
Holt

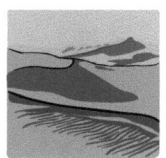

صحراء
....
Wööst

بركان
....
Füerspien Barg

قلعة
....
Slott

قوس قزح
....
Regenbagen

فِطر
....
Poggenstohl

نخلة
....
Palm

بعوض
....
Steekmück

ذبَانة
....
Fleeg

نملة
....
Miegeemk

نحلة
....
Imm

عنكبوت
....
Spinn

خنفساء

Sebber

ضفدعة

Pogg

سنجاب

Katteker

قنفذ

Swienegel

أرنب

Haas

بومة

Uul

عصفور

Vagel

بجعة

Swaan

خنزير برّي

Wildswien

غزال

Hirsch

إلكة

Elk

سد

Staudamm

دولاب الطاحونة الهوائية

Windrad

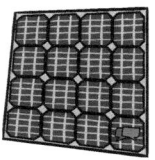

خلية شمسية

Solarmodul

مناخ

Klima

مطعم

Spieslokal

نادل
Kellner
لائحة الطعام
Spieskoort
كرسي
Stohl
حساء
Supp
بيتزا
Pizza
غطاء المائدة
Dischdeek
أدوات المائدة
Bestick

مقبلات

Vörspies

الصحن الرئيسي

Haupteten

حلوى أو فاكهة بعد الطعام

Nadisch

مشروبات

Drünk

طعام

Eten

زجاجة

Buddel

وجبات سريعة

Fastfood

طعام الشارع

Strateneten

إبريق الشاي

Teekann

علبة السكر

Zuckerdoos

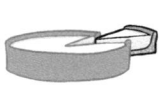

حصّة

Portschoon

آلة الإسبريسو

Espressomaschien

كرسي عالٍ

Hoochstohl

فاتورة

Reken

صينية

Tablett

سكين

Mess

شوكة

Gavel

ملعقة

Lepel

ملعقة الشاي

Teelepel

منديل المائدة

Munddook

كأس

Glas

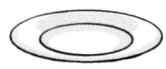

صحن

Töller

صحن الحساء

Suppentöller

صحن الفنجان

Ünnertass

صلصة

Sooß

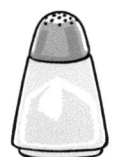

مملحة

Soltstreuer

مطحنة الفلفل

Pepermöhl

خلّ

Etig

زيت الطعام

Ööl

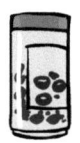

توابل

Krüder

كتشاب

Ketchup

خردل

Mostrich

مايونيز

Mayonnaise

سوبرماركت

Supermarkt

عرض خاص
Anbott
زبون
Kunn
مشتقات الحليب
Melkprodukten
فواكه
Aaft
عربة تسوّق
Inkoopswagen

جزّار

Slachterie

مخبز

Bäckerie

يزن

wegen

خضار

Gröönsaken

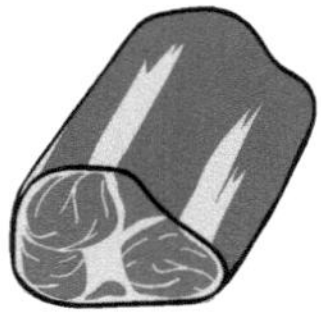

لحم

Fleesch

المأكولات المجمّدة

Deepköhlkost

مرتدلا أو جبن
....
Opsnitt

معلبات
....
Konserven

مسحوق الغسيل
....
Waschmiddel

حلويات
....
Snoopkraam

المواد المنزلية
....
Huushooltssaken

منظفات
....
Reinmaaktüüch

بائعة
....
Verköpersche

صندوق الحساب
....
Kass

أمين صندوق
....
Kasserer

قائمة المشتريات
....
Inkoopslist

أوقات العمل
....
Opsparrtieden

محفظة النقود
....
Breeftasch

بطاقة ائتمان
....
Kreditkoort

حقيبة
....
Tasch

كيس بلاستيكي
....
Plastiktüüt

مشروبات

Drünk

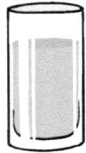

ماء

....

Water

عصير

....

Saft

حليب

....

Melk

كولا

....

Cola

نبيذ

....

Wien

بيرة

....

Beer

كحول

....

Spriet

كاكاو

....

Kakao

شاي

....

Tee

قهوة

....

Koffie

قهوة إسبريسو

....

Espresso

كابوتشينو

....

Cappucino

طعام
Eten

موزة

Banaan

تفاح

Appel

برتقال

Appelsien

بطيخ

Meloon

ليمون

Zitroon

جزرة

Wöttel

ثوم

Knuuvlook

خيزران

Bambus

بصل

Zibbel

فِطر

Poggenstohl

لوزيات

Nööt

شعيرية

Nudeln

سباغيتي

Spaghetti

أرز

Ries

سلطة

Salat

بطاطا مقلية

Pommes frites

بطاطا مقلية

Braadkantüffeln

بيتزا

Pizza

هامبورغر

Hamborger

ساندويش

Sandwich

شريحة لحم مقلية

Snitzel

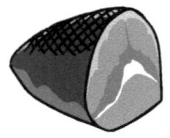

لحم خنزير

Schinken

سلامي

Salami

سجق

Wust

دجاج

Hohn

لحم محمر

Braden

سمك

Fisch

دقيق الشوفان

Haverflocken

موسلي

Müsli

كورن فلكس

Cornflakes

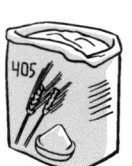

طحين

Mehl

كرواسان

Croissant

خبز صغير

Rundstück

خبز

Broot

خبز محمص

Toast

بسكويت

Keksen

زبدة

Botter

لبن زبادي

Quark

كعكة

Koken

بيضة

Ei

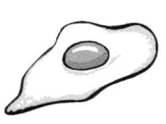

بيض مقلي

Spegelei

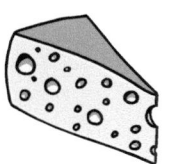

جبنة

Kees

مثلجات

Ies

سكر

Zucker

عسل

Honnig

مربّى الفاكهة

Marmelaad

كريم النوغا

Nougat-Creme

الكاري

Curry

مزرعة

Buernhoff

بيت الفلاح
Buernhuus
مخزن غلال
Schüün
رزمة من التبن
Strohballen
حقل
Feld
حصان
Peerd
مقطورة
Hänger
مهر
Fahlen
جرار
Trecker
حمار
Esel
خروف
Schaap
خروف
Lamm

ماعز

Zeeg

بقرة

Koh

عجل

Kalf

خنزير

Swien

خنزير صغير

Farken

ثور

Bull

إوزّة
....
Goos

بطة
....
Aant

صوص
....
Küken

دجاجة
....
Hohn

ديك
....
Hahn

جرذ
....
Rott

قطّة
....
Katt

فأر
....
Muus

ثور
....
Oss

كلب
....
Hund

كوخ الكلب
....
Hunnenhütt

خرطوم الحديقة
....
Goornslauch

إبريق
....
Geetkann

منجل
....
Lee

المحراث
....
Ploog

منجل

Sich

معزقة

Hack

مذراة الزبل

Mestfork

بلطة

Ext

عربة يد

Schuufkoor

معلف

Trog

صفيحة الحليب

Melkkann

كيس

Sack

سياج

Tuun

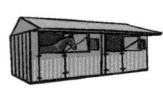

اصطبل

Stall

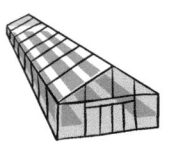

دفيئة

Drievhuus

تربة

Bodden

بذور

Saat

سماد

Dünger

حصّادة درّاسة

Meihdöscher

يحصد
....
oornen

محصول
....
Oorn

بطاطا يامس
....
Yamswöttel

قمح
....
Weten

صويا
....
Soja

بطاطا
....
Kantüffel

ذرة
....
Törksche Weten

سلجم
....
Rapp

شجرة فاكهة
....
Aaftboom

نبات منيهوت
....
Troopsch Kantüffel

الحبوب
....
Koorn

بيت

Huus

مدخنة
Schosteen
سقف
Dack
مزراب
Regenrönn
نافذة
Finster
مرآب
Garaasch
جرس الباب
Döörklock
باب
Döör
قماما
Müllemmer
صندوق البريد
Breefkassen
حديقة
Goorn

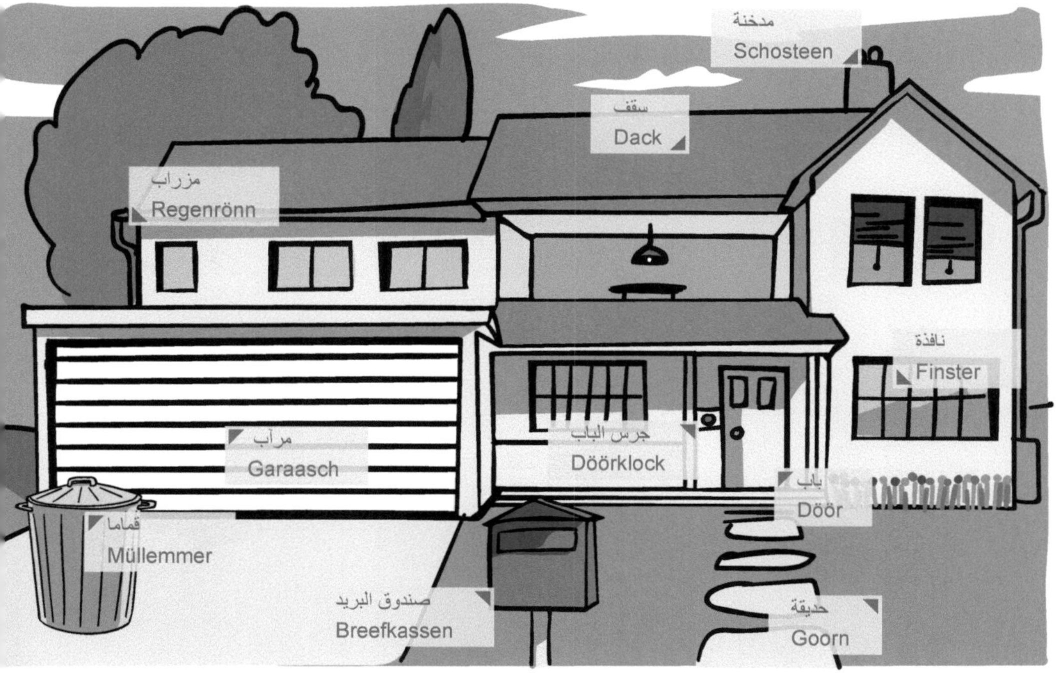

غرفة جلوس

Wahnstuuv

الحمّام

Baadstuuv

مطبخ

Köök

غرفة النوم

Slaapstuuv

غرفة الأطفال

Kinnerstuuv

غرفة الطعام

Eetstuuv

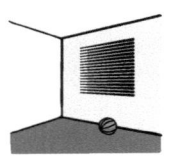

أرضية
....
Footbodden

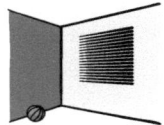

حائط
....
Wand

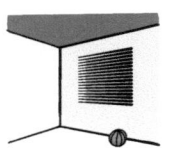

سقف
....
Deek

قبو
....
Keller

ساونا
....
Hittluftbad

بلكون
....
Balkon

شرفة
....
Terrass

مسبح
....
Swümmbad

جزّازة العشب
....
Rasenmeiher

بياضات السرير
....
Bettbetog

بطانية
....
Bettdeek

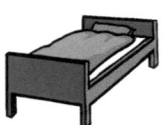

سرير
....
Puuch

مكنسة
....
Bessen

سطل
....
Emmer

مفتاح كهربائي
....
Schalter

غرفة جلوس

Wahnstuuv

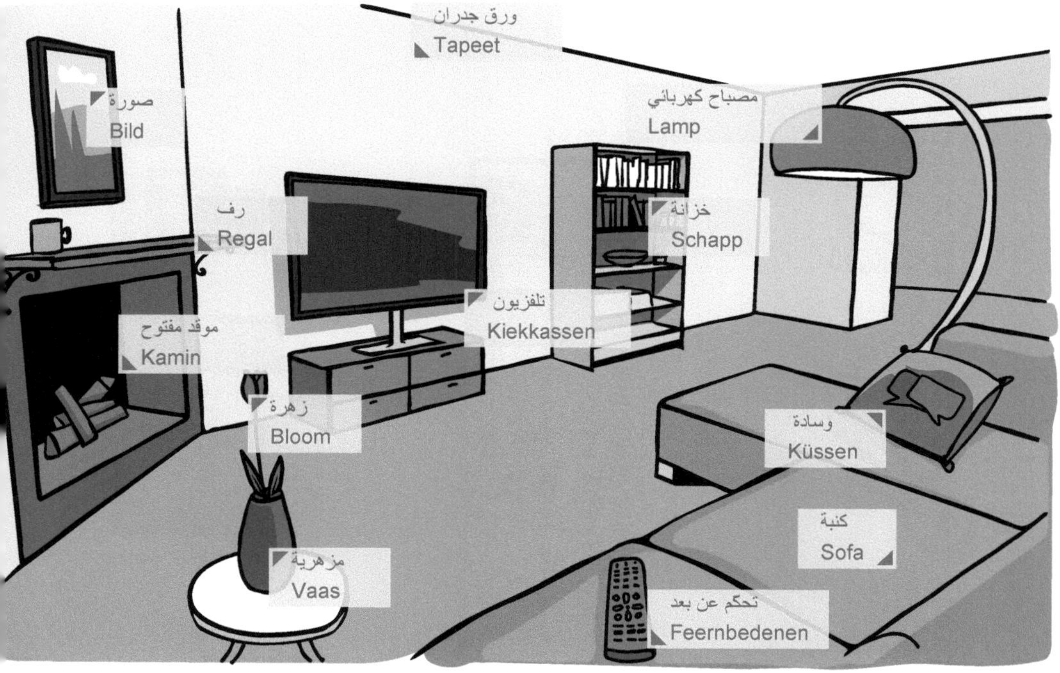

ورق جدران
Tapeet
صورة
Bild
مصباح كهربائي
Lamp
رف
Regal
خزانة
Schapp
تلفزيون
Kiekkassen
موقد مفتوح
Kamin
زهرة
Bloom
وسادة
Küssen
كنبة
Sofa
مزهرية
Vaas
تحكم عن بعد
Feernbedenen

بصاط

Teppich

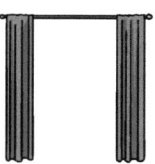

ستارة

Vörhang

طاولة

Disch

كرسي

Stohl

كرسي هزّاز

Schuckelstohl

كرسي ذو ذراعين

Sessel

الكتاب

Book

بطانية

Deek

زخرفة

Dekoratschoon

الحطب

Füerholt

فيلم

Film

تجهيزات ستيريو

Stereoanlaag

مفتاح

Slötel

جريدة

Narichtenblatt

لوحة مرسومة

Gemälde

مُلصق

Poster

راديو

Radio

دفتر ملاحظات

Opschrievblock

المكنسة الكهربائية

Huulbessen

صبّار

Kaktus

شمعة

Kars

مطبخ
Köök

براد
Köhlschapp
ميكروويف
Mikrowell
ميزان المطبخ
Kökenwaag
محمصة الخبز
Toaster
منظفات
Reinmaakmiddel
فرن
Backaven
ثلاجة
Gefreerfack
قماما
Müllemmer
جلاية
Opwaschmaschien

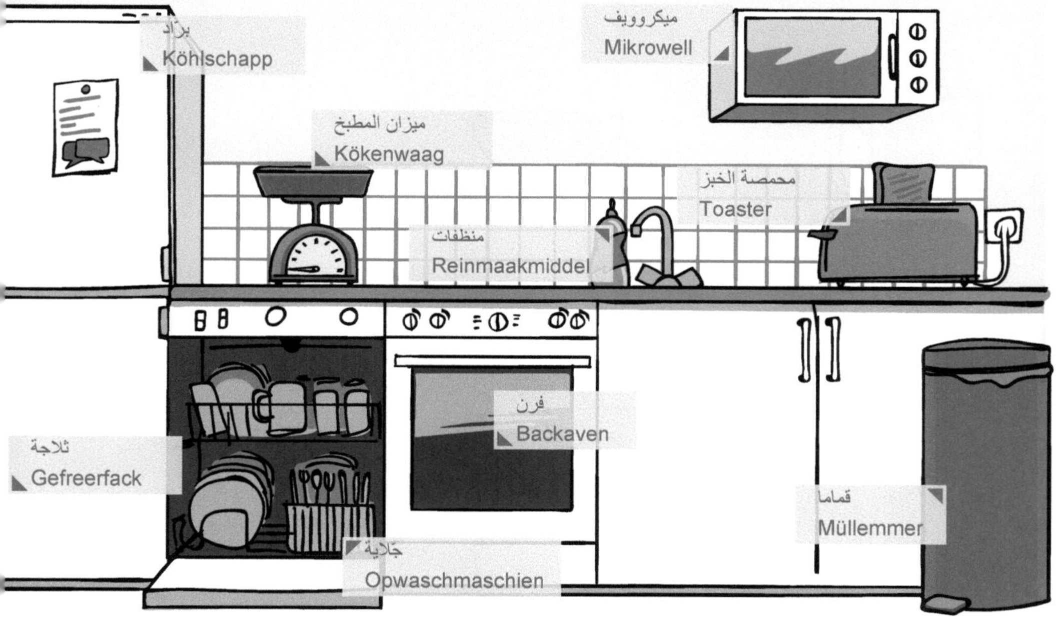

موقد
Heerd

قِدر
Pott

وعاء من الحديد
Gussiesern Putt

قدر صيني
Wok / Kadai

مقلاة
Pann

غلاية
Waterkaker

مطبخ - Köök

قدر البخار
Dampkaakputt

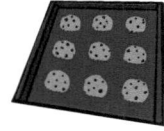

صينية
Backblick

أواني
Geschirr

فنجان
Beker

صحن
Schaal

عيدان الأكل
Eetsticken

مغرفة
Suppenkell

ملعقة منبسطة
Pannenwenner

خفاقة
Sneebessen

مصفاة
Kaakseef

مصفاة
Seef

مِبشرة
Riev

هاون
Mörser

شواء
Grill

موقد
Füerstell

لوح التقطيع

Sniedbrett

نشّابة

Nudelholt

مفتاح الزجاجات

Proppentrecker

علبة

Doos

مفتاح العلب المعدنية

Dosenaapner

قماش الفرن

Pottlappen

مجلى

Waschbecken

فرشاة

Böst

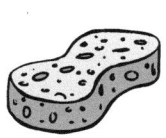

إسفنج

Swamm

خلاط

Mixer

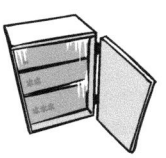

مجمّدة

Iesschapp

زجاجة الطفل

Nuckelbuddel

صنبور الماء

Waterhahn

الحمّام

Baadstuuv

تدفئة
Heizung
منشفة
Handdook
دوش
Bruus
ستارة الدوش
Bruusvörhang
حمام رغوة
Schuumbad
Baadwann
كأس
Glas
غسّالة
Waschmaschien
صنبور الماء
Waterhahn
بلاط
Fliesen
قفازات مطاطية
lütte Putt
مجلى
Waschbecken

حمام

Tante Meier

مرحاض القرفصاء

Hockklo

حوض التشطيف

Bidet

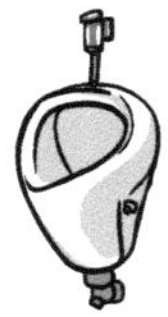

مبولة

Miegbecken

ورق المرحاض

Klopapeer

فرشاة الحمام

Kloböst

فرشاة الأسنان

Tähnböst

معجون الأسنان

Tähnpast

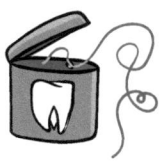

خيط حرير لتنظيف الأسنان

Tähnsied

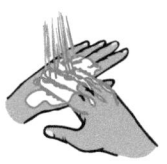

يغسل

waschen

رشاش ماء يدوي

Handbruus

شطاف

Intimbruus

حوض الغسيل

Waschschöttel

فرشاة الظهر

Rüchböst

صابون

Seep

جيل الدوش

Bruusgeel

شامبو

Hoorwaschmiddel

ممسحة

Waschlappen

مصرف للماء

Afloop

مرهم

Creme

مزيل الروائح

Deodorant

مرآة
Spegel

مرآة يد
Kosmetikspegel

موس حلاقة
Raserer

رغوة الحلاقة
Raseerschuum

كولونيا
Raseerwater

مشط
Kamm

فرشاة
Böst

سشوار
Hoordröger

مثبت للشعر
Hoorspray

ماكياج
Smink

روج
Lippensticken

طلاء أظافر
Nagellack

قطن
Watt

مقص أظافر
Nagelscheer

عطر
Rüükwater

سلّة الغسيل

Kulturbüdel

مقعد صغير

Schemel

ميزان

Waag

معطف الحمام

Baadmantel

قفازات مطاطية

Gummihanschen

سدادة قطنية

Tampon

منشفة صحية

Damenbinn

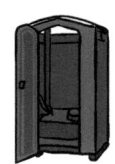

تواليت كيميائية

Chemieklo

غرفة الأطفال

Kinnerstuuv

منبّه
Wecker
الحيوانات المحنطة
Knudeldeert
سيارة لعبة
Speeltüüchauto
خشخشة
Klöter
بيت الدمى
Poppenhuus
هدية
Geschenk

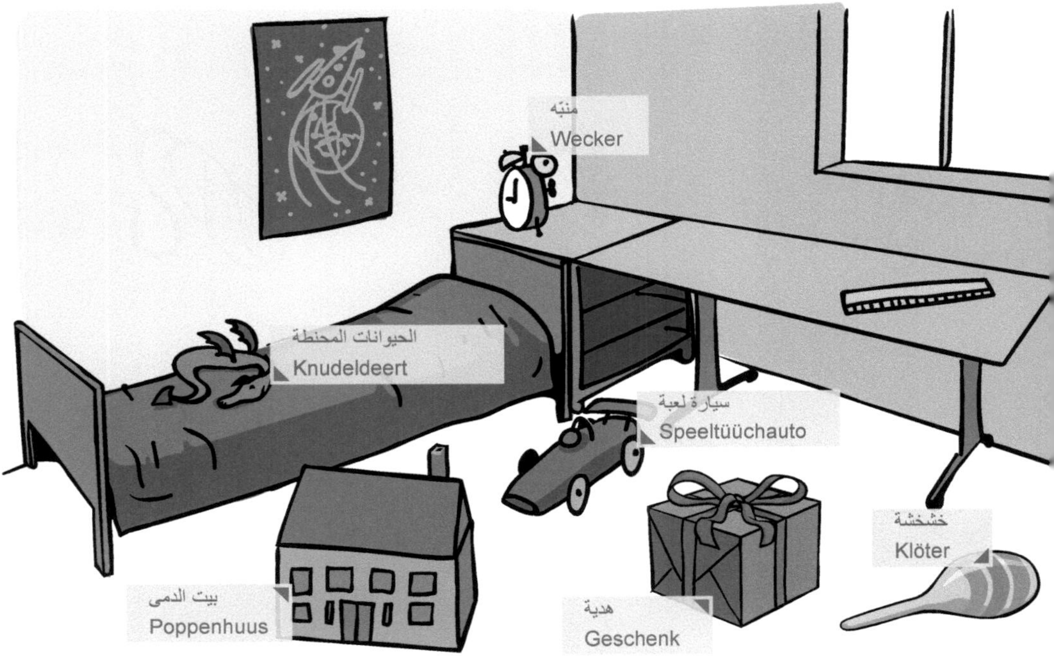

بالون

Luftballon

سرير

Puuch

عربة الأطفال

Kinnerwagen

لعبة الورق

Koortenspeel

أحجية

Puzzle

رسوم هزلية

Billergeschicht

أحجار الليغو

Legostenen

حجارة تركيب

Bustenen

دمية بطل

Action-Figur

لباس الطفل

Strampelantog

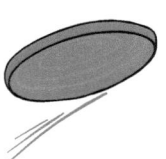

فريسبي

Frisbeeschiev

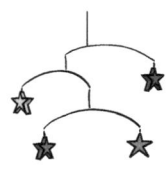

دمية معلقة

Mobile

لعبة الطاولة

Brettspeel

لعبة النرد

Wörpel

لعبة قطار

Modelliesenbahn

مصاّصة

Snuller

حفلة

Party

كتاب مصوّر

Billerbook

كرة

Ball

دمية

Popp

يلعب

spelen

ملعب رملي للأطفال

Sandkassen

أرجوحة

Schuckel

لعبة

Speeltüüch

ألعاب فيديو

Speelkonsool

دراجة ثلاثية

Dreerad

دمية على شكل الدب

Teddyboor

خزانة الثياب

Klederschapp

ثياب

Tüüch

جوارب قصيرة

Socken

جوارب طويلة

Strümp

جورب بنطلون

Strumpbüx

شال
Halsdook

شمسية
Paraplü

تي شيرت
T-Shirt

حزام
Liefreem

حذاء شتوي
Stevel

شبشب
Puuschen

أحذية رياضية
Turnschoh

صندل
Sandalen

حذاء
Schoh

جزمة كاوتشوك
Gummistevel

سروال داخلي
Ünnerbüx

صدّارة
Bostholler

قميص داخلي
Ünnerhemd

لباس ملاصق للجسم

Lief

بنطلون

Büx

جينز

Jeansnüx

تنورة

Rock

بلوزة

Bluus

قميص

Hemd

سترة قطنية

Pullover

كنزة كم طويل

Kapuzenpullover

سترة فضفاضة

Blazer

سترة

Jack

معطف

Mantel

معطف مطري

Övertrecker

زي - طقم نسائي

Kostüm

ثوب

Kleed

ثوب الزفاف

Hochtietskleed

طقم

Antog

قميص نوم

Nachtkleed

بيجاما

Slaapantog

ساري

Sari

حجاب

Koppdook

عمامة

Turban

برقع

Burka

قفطان

Kaftan

عباءة

Abaya

مايوه

Baadantog

سروال سباحة

Baadbüx

شرت

Korte Büx

بدلة رياضية

Antog to'n Öven

مئزر

Schört

قفازات

Handschoh

زر

Knopp

نظارة

Brill

إسوارة

Armband

عقد

Halskeed

خاتم

Ring

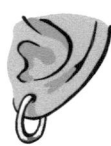

قرط

Ohrbummel

طاقيّة

Mütz

علاقة ثياب

Klederbögel

قبّعة

Hoot

ربطة العنق

Binner

سحّاب

Rietslüter

خوذة

Helm

حمّالة البنطلون

Drachtband

اللباس المدرسي

Schooluniform

زي موحّد

Uniform

مريلة الأطفال
Severböten

مصّاصة
Snuller

لفافة
Winnel

مكتب

Büro

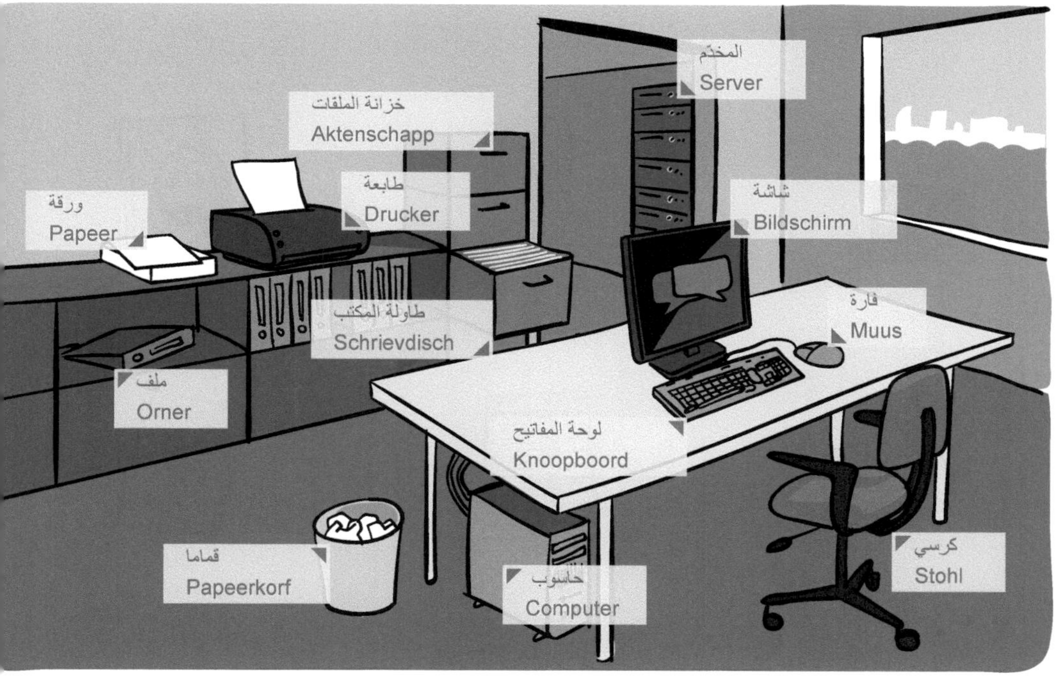

خزانة الملفات
Aktenschapp

المخدّم
Server

ورقة
Papeer

طابعة
Drucker

شاشة
Bildschirm

طاولة المكتب
Schrievdisch

فأرة
Muus

ملف
Orner

لوحة المفاتيح
Knoopboord

قماما
Papeerkorf

كرسي
Stohl

حاسوب
Computer

كأس من القهوة
Koffiebeker

الآلة الحاسبة
Taschenreekner

الإنترنت
Internet

الحاسوب المحمول

Klappreekner

رسالة

Breef

خبر

Naricht

الهاتف المحمول

Ackersnacker

شبكة

Nettwark

جهاز تصوير

Kopeerapparat

البرمجيات

Software

هاتف

Klöönkassen

مقبس كهربائي

Steekdoos

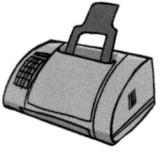

فاكس

Faxapparat

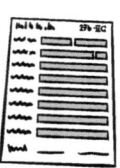

استمارة

Formulor

وثيقة

Dokument

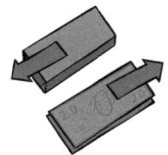

يشتري

köpen

يدفع

betahlen

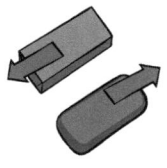

يتاجر

hanneln

مال

Geld

دولار

Dollar

يورو

Euro

ين

Yen

روبل

Ruvel

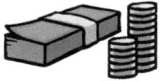

فرنك سويسري

Swiezer Franken

يوان

Renminbi Yuan

روبية

Rupie

صرّاف آلي

Geldautomat

مكتب صرافة

Wesselstuuv

ذهب

Gold

فضة

Sülver

نفط

Ööl

طاقة

Energie

سعر

Pries

عقد

Verdrag

ضريبة

Stüer

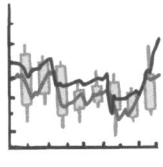

سهم

Andeelschien

يعمل

arbeiden

موظف

Anstellte

رب العمل

Arbeitgever

مصنع

Fabrik

متجر

Hökerie

المِهَن

Profeschonen

الشرطي
Wachtmeester
رجل إطفاء
Füerwehrmann
طبّاخ
Kock
الطبيب
Dokter
طيّار
Fleger

بستاني

Goorner

نجّار

Discher

خيّاطة

Neihersche

قاض

Richter

كيميائي

Chemiker

ممثل

Schauspeler

سائق حافلة

Busfohrer

سائق تاكسي

Taxifohrer

صياد سمك

Fischer

أجيرة للتنظيف

Reinmaakfru

بنّاء سقف

Dackdecker

نادل

Kellner

صيّاد

Jäger

رسّام

Maler

خباز

Bäcker

كهربائي

Elektriker

عامل بناء

Buarbeider

مهندس

Ingenieur

لحّام

Slachter

سمكري

Klempner

ساعي البريد

Postbüdel

جندي
....
Suldat

مهندس معماري
....
Architekt

أمين صندوق
....
Kasserer

بائع الزهور
....
Florist

حلاق
....
Putzbüdel

مراقب القطار
....
Schaffner

ميكانيكي
....
Mechaniker

قبطان
....
Kaptein

طبيب أسنان
....
Tähndokter

رجل العلم
....
Wetenschopler

حاخام
....
Rabbi

إمام
....
Imam

راهب
....
Mönk

كاهن
....
Paap

عدة عمل

Warktüüch

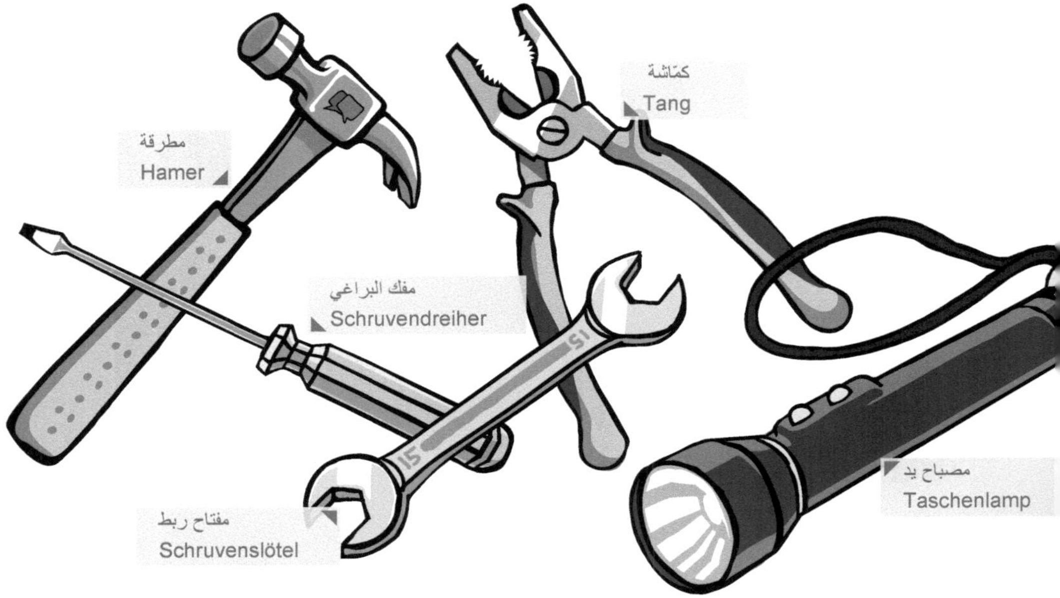

مطرقة
Hamer

كمّاشة
Tang

مفك البراغي
Schruvendreiher

مصباح يد
Taschenlamp

مفتاح ربط
Schruvenslötel

جرافة

Grieper

صندوق العدة

Warktüüchkassen

سلم

Ledder

منشار

Saag

مسامير

Nagels

مثقب

Bohrer

يصلح

heelmaken

مجرفة

Schüffel

اللعنة

Schiet!

لقاطة الكناسة

Kehrblick

سطل الألوان

Farvpott

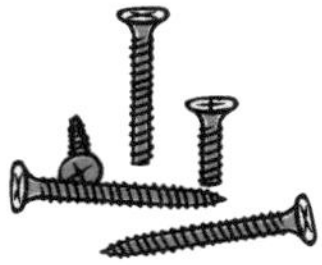

براغي

Schruven

آلات موسيقية

Musikinstrumenten

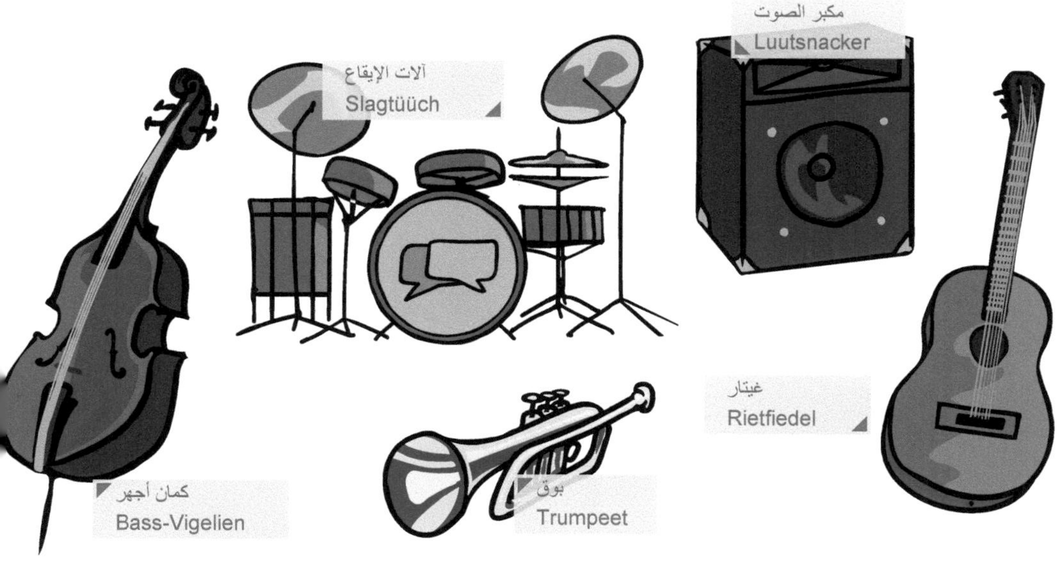

مكبر الصوت
Luutsnacker

آلات الإيقاع
Slagtüüch

غيتار
Rietfiedel

كمان أجهر
Bass-Vigelien

بوق
Trumpeet

بيانو

Klaveer

كمنجة

Vigelien

جهير

Bass

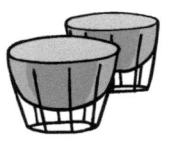

طبل كبير

Pauk

طبل

Trummeln

بيانو كهربائي

Keyboard

ساكسوفون

Saxophon

ناي

Fleut

ميكروفون

Mikrofoon

حديقة حيوانات

Deertenpark

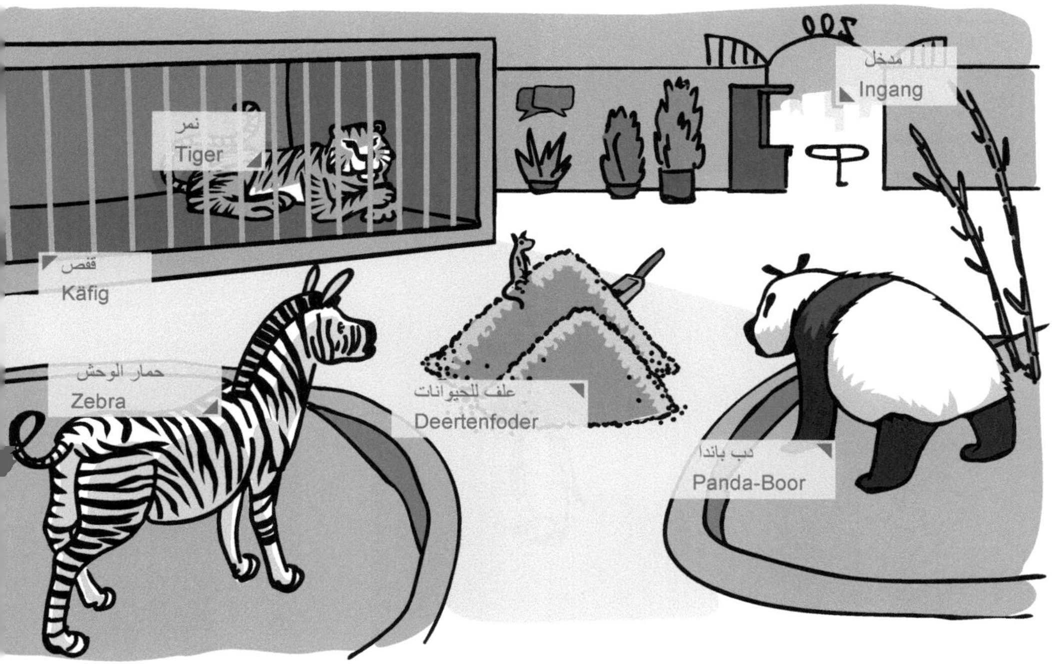
مدخل
Ingang
نمر
Tiger
قفص
Käfig
حمار الوحش
Zebra
علف للحيوانات
Deertenfoder
دب باندا
Panda-Boor

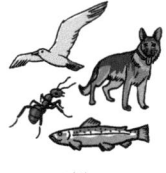

حيوانات

Deerten

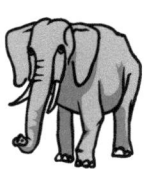

فيل

Elefant

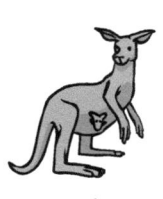

كنغر

Känguru

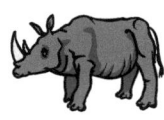

وحيد القرن

Neeshoorn

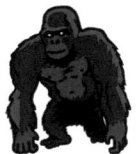

غوريلا

Gorilla

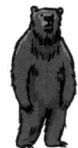

دب

Boor

جمل

Kameel

نعامة

Struuß

أسد

Lööv

قرد

Aap

طائر فلامينغو

Flamingo

ببغاء

Papagoi

دب قطبي

Iesboor

بطريق

Pinguin

سمك القرش

Haifisch

طاووس

Pageluun

أفعى

Slang

تمساح

Krokodil

حارس في حديقة الحيوان

Oppasser in'n Deertenpark

عجل البحر

Saalhund

نمر أمريكي مرقط

Jaguor

فرس قزم
....
Pony

نمر
....
Leopard

فرس النهر
....
Nilpeerd

زرافة
....
Giraff

نسر
....
Aadler

خنزير برّي
....
Wildswien

سمك
....
Fisch

سلحفاة
....
Schildkrööt

حيوان فظ البحري
....
Walross

ثعلب
....
Voss

غزال
....
Gazell

رياضة
Sport

كرة القدم الأمريكية
Amerikaansch Football
ركوب الدراجات
Radfohren
كرة التنس
Tennis
كرة السلة
Korfball
السباحة
Swümmen
الملاكمة
Boxen
هوكي الجليد
Ieshockey

كرة القدم
Football

الريشة الطائرة
Fedderball

ألعاب القوى الخفيفة
Leichtathletik

كرة اليد
Handball

التزلج على الثلج
Skilopen

بولو
Polo

نشاطات

Aktivitäten

يضحك
lachen
يقفز
springen
يعانق
ümarmen
يمشي
gahn
يغنّي
singen
يحلم
drömen
يصلّي
beden
يقبل
snuteln

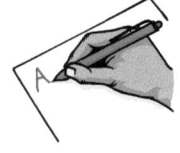

يكتب
schrieven

يرسم
teken

يُري
wiesen

يدفع
drücken

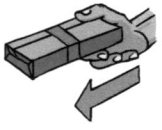

يعطي
geven

يأخذ
nehmen

يملك
··················
hebben

يعمل
··················
doon

يوجد
··················
sien

يقف
··················
stahn

يركض
··················
lopen

يسحب
··················
trecken

يرمي
··················
smieten

يقع
··················
fallen

يستلقي
··················
liggen

ينتظر
··················
töven

يحمل
··················
dregen

يجلس
··················
sitten

يلبس
··················
antrecken

ينام
··················
slapen

يستيقظ
··················
opwaken

ينظر إلى ..

ankieken

يبكي

wenen

يمسّد

eien

يمشّط

kämmen

يتكلم

snacken

يفهم

verstahn

يسأل

fragen

يسمع

hören

يشرب

drinken

يأكل

eten

يرتب

oprümen

يحب

leefhebben

يطبخ

kaken

يقود

fohren

يطير

flegen

يبحر بزورق شراعي
....
segeln

يحسب
....
reken

يقرأ
....
lesen

يتعلم
....
lehren

يعمل
....
arbeiden

يتزوج
....
de Plünnen tohoopsmieten

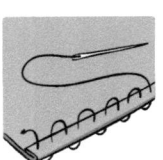

يخيط
....
neihen

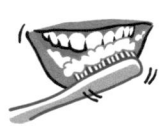

ينظف أسنانه
....
Tähnen putzen

يقتل
....
dootmaken

يدخن
....
smöken

يرسل
....
schicken

عائلة

Familje

جدّة
Grootmoder
جدّ
Grootvadder
أب
Vadder
أم
Moder
الطفل
Winnelkind
ابنة
Dochter
ابن
Söhn

ضيف

Gast

عمّة / خالة

Tant

عمّ / خال

Unkel

أخ

Broder

أخت

Süster

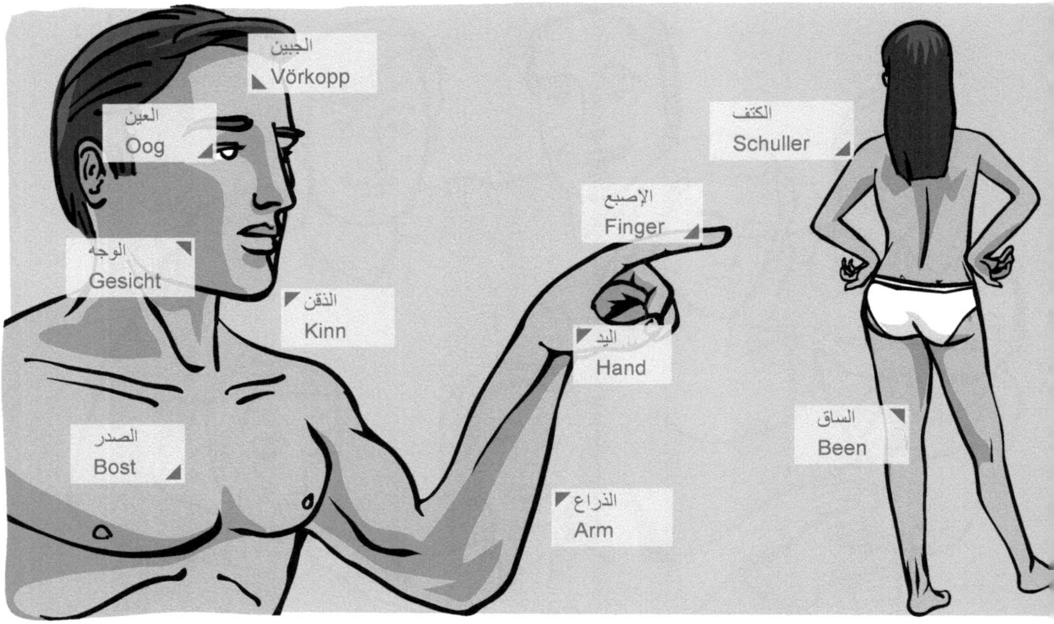

الجبين
Vörkopp

العين
Oog

الكتف
Schuller

الإصبع
Finger

الوجه
Gesicht

الذقن
Kinn

اليد
Hand

الصدر
Bost

الساق
Been

الذراع
Arm

الطفل
Winnelkind

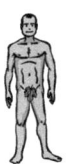

الرجل
Mann

المرأة
Fro

البنت
Deern

الولد
Jung

الرأس
Arm

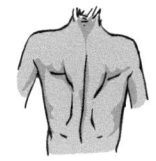

الظهر

Rüch

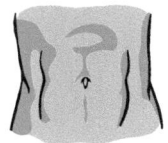

البطن

Buuk

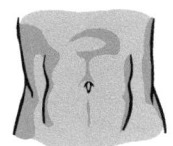

السرّة

Navel

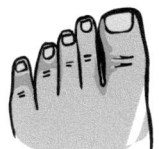

إصبع القدم

Teh

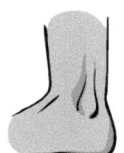

الكعب

Hack

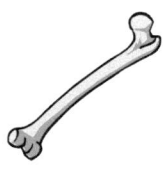

العظم

Knaken

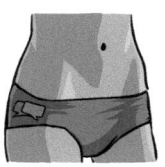

الورك

Hüft

الركبة

Knee

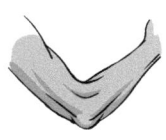

المِرفق

Ellbagen

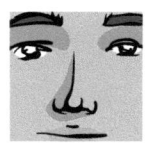

الأنف

Nees

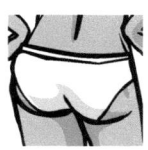

العَجُز

Achtersen

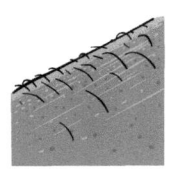

البشرة

Huut

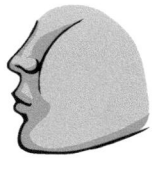

الخد

Back

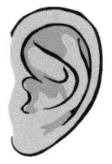

الأذن

Ohr

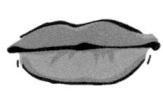

الشفة

Lipp

الفم

Mund

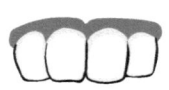

السن

Tähn

اللسان

Tung

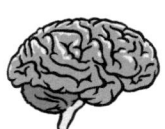

الدماغ

Bregen

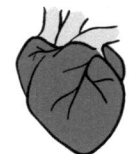

القلب

Hart

العضلة

Muskel

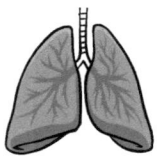

الرئة

Lung

الكبد

Lever

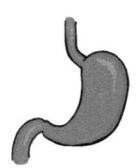

المعدة

Maag

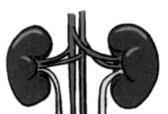

الكِلى

Neren

الاتصال الجنسي

Bislaap

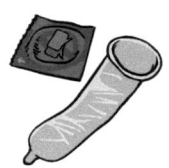

الواقي المطاطي

Kondoom

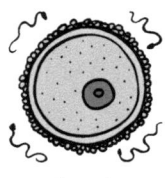

البويضة

Eizell

المنيّ

Sperma

الحمل

Anner Ümstänn

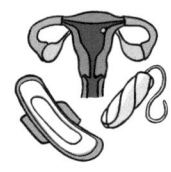

الحيض

Menstruatschoon

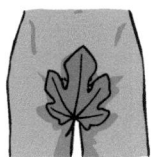

المهبل

Scheed

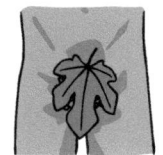

القضيب

Pint

الحاجب

Ogenbroe

الشعر

Hoor

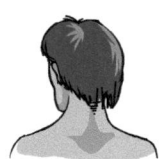

الرقبة

Hals

المستشفى
Krankenhuus

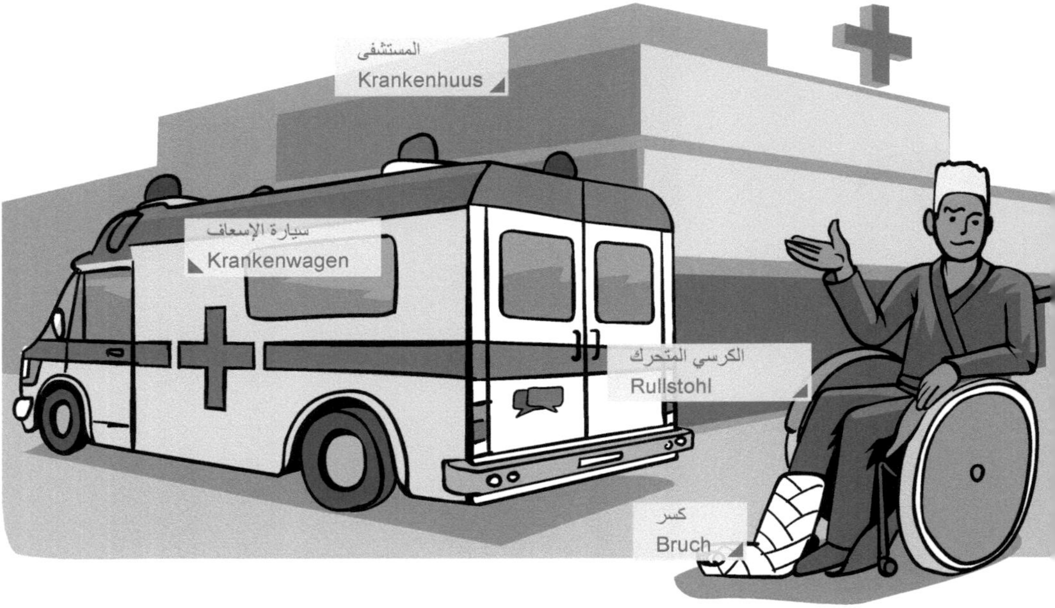

المستشفى
Krankenhuus
سيارة الإسعاف
Krankenwagen
الكرسي المتحرك
Rullstohl
كسر
Bruch

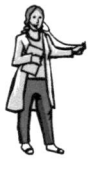

الطبيب

Dokter

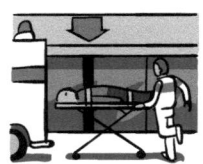

غرفة الإسعاف

Nootopnahm

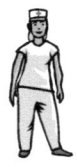

الممرضة

Krankensüster

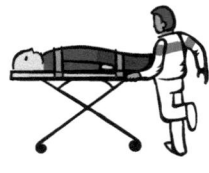

حالة

Nootfall

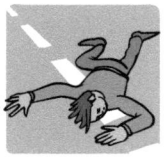

مغمى عليه

ahnmächtig

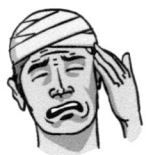

الألم

Wehdaag

إصابة

Verwunnen

النزيف

Blöden

احتشاء القلب

Hartinfarkt

جلطة

Slaganfall

حسسية

Allergie

السعال

Hoosten

الحُمّى

Fever

إنفلونزا

Gripp

الإسهال

Dörchfall

وجع الرأس

Koppwehdaag

السرطان

Kreeft

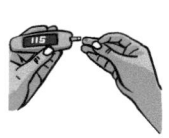

مرض السكر

Zuckersüük

جرّاح

Chirurg

مبضع

Chirurgsch Mess

عملية

Operatschoon

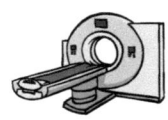

سيتي سكان

CT

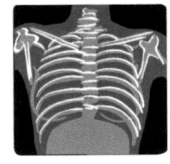

الأشعة السينية

Dörchlüchten

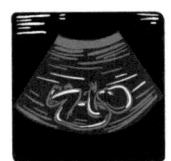

فوق الصوتي

Ultraschall

القناع

Mask

المرض

Krankheit

غرفة الانتظار

Töövruum

العُكاز

Krück

شريط لاصق

Plaaster

ضماد

Verband

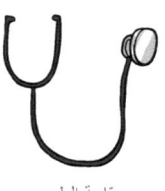

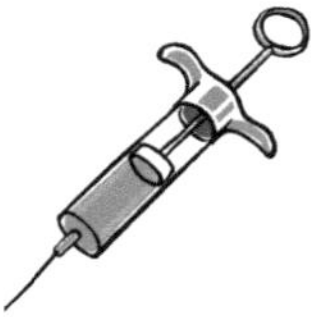

حقنة

Insprütten

سمّاعة الطبيب

Stethoskop

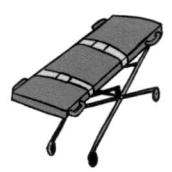

نقالة

Draag

ميزان حرارة

Feverthermometer

ولادة

Geboort

وزن زائد

Övergewicht

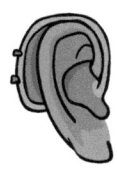

جهاز السمع

Höörapparat

المواد المعقمة

Kiemfriemiddel

عدوى

Ansteken

فيروس

Virus

الإيدز

HIV / AIDS

الطب

Heelmiddel

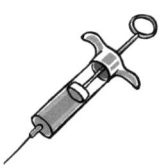

اللقاح

Impen

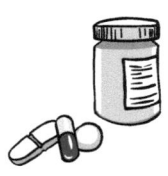

أقراص الدواء

Tabletten

حبّة الدواء

Pill

نداء النجدة

Nootroop

مقياس ضغط الدم

Blootdruck-Meter

مريض / صحيح

krank / gesund

حالة

Nootfall

النجدة!

Hölp!

إنذار

Alarm

اعتداء

Överfall

هجوم

Angreep

خطر

Gefohr

مخرج طوارئ

Nootutgang

حريق!

Füer!

جهاز الإطفاء

Füerlöscher

حادث

Unfall

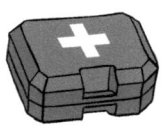

حقيبة الإسعاف الأولي

Noothölpkoffer

أنقذونا

SOS

الشرطة

Polizei

أوروبا

Europa

أمريكا الشمالية

Noordamerika

أمريكا الجنوبية

Süüdamerika

أفريقيا

Afrika

آسيا

Asien

أستراليا

Australien

المحيط الأطلسي

Atlantik

المحيط الهادي

Pazifik

المحيط الهندي

Indisch Weltmeer

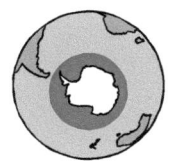

المحيط المتجمد الجنوبي

Antarktisch Weltmeer

المحيط المتجمد الشمالى

Arktisch Weltmeer

القطب الشمالي

Noordpol

القطب الجنوبي
....
Süüdpol

منطقة القطب الجنوبي
....
Antarktis

أرض
....
Eerd

بر
....
Land

بحر
....
See

جزيرة
....
Eiland

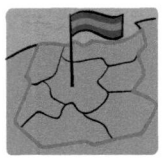

أمة
....
Natschoon

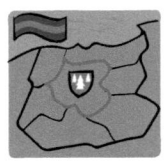

دولة
....
Staat

أرض - Eerd

ساعة

Klock

ميناء الساعة

Tallenblatt

عقرب الساعات

Stunnenwieser

عقرب الدقائق

Minutenwieser

عقرب الثواني

Sekunnenwieser

كم الساعة الآن؟

Wo laat is dat?

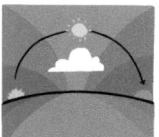

يوم

Dag

زمن

Tiet

الآن

nu

ساعة رقمية

digetaalsch Klock

دقيقة

Minuut

ساعة

Stunn

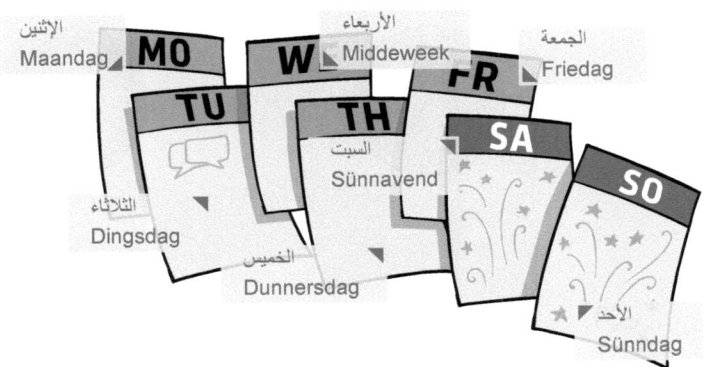

أسبوع

Week

الإثنين
Maandag
الثلاثاء
Dingsdag
الأربعاء
Middeweek
W
الخميس
Dunnersdag
الجمعة
Friedag
FR
السبت
Sünnavend
الأحد
Sünndag

الأمس

güstern

اليوم

hüüt

غداً

morgen

الصباح

Morgen

الظهر

Meddag

المساء

Avend

أيام العمل

Arbeitsdaag

نهاية الأسبوع

Wekenenn

سنة

Johr

مطر
Regen
قوس قزح
Regenbagen
ريح
Wind
ثلج
Snee
الربيع
Fröhjohr
الصيف
Sommer
الخريف
Harvst
الشتاء
Winter

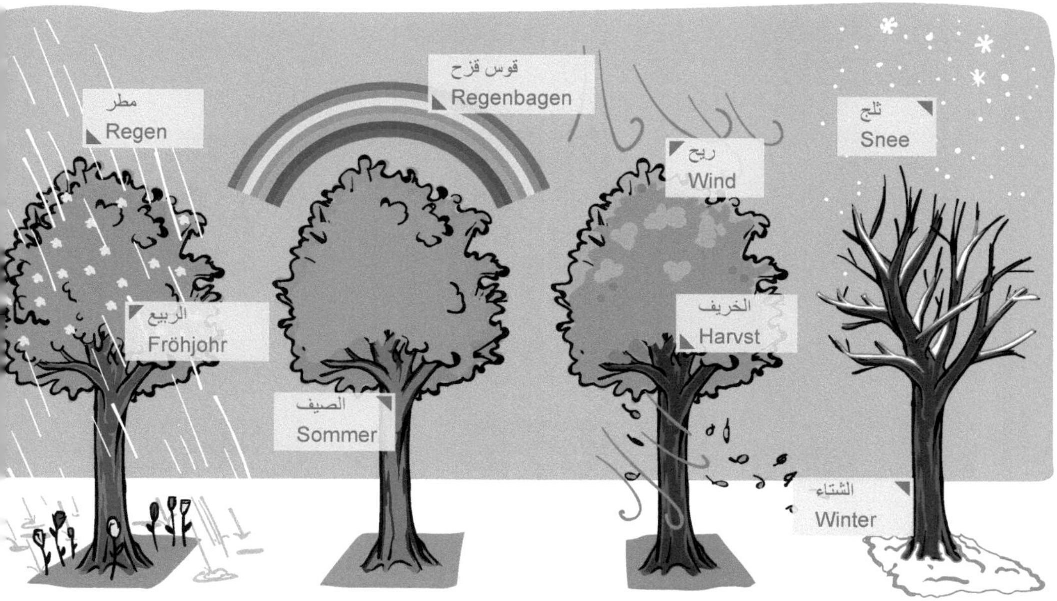

التنبؤ بالحالة الجوية

Wedervörhersaag

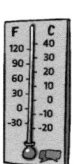

F

مقياس حرارة

Thermometer

ضوء الشمس

Sünnenschien

سحابة

Wulk

ضباب

Nevel

رطوبة الجو

Luftfuchtigkeit

برق
....
Blitz

رعد
....
Dunner

عاصفة
....
Storm

بَرَد
....
Hagel

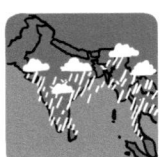

ريح موسمية
....
Monsun

طوفان
....
Floot

جليد
....
Ies

كانون الثاني / يناير
....
Januormaand

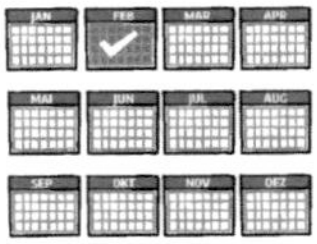

شباط / فبراير
....
Februormaand

آذار / مارس
....
Martmaand

نيسان / أبريل
....
Aprilmaand

أيار / مايو
....
Maimaand

حزيران / يونيو
....
Junimaand

تموز / يوليو
....
Julimaand

آب / أغسطس
....
Augustmaand

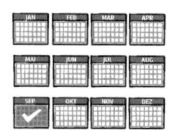

أيلول / سبتمبر
....
Septembermaand

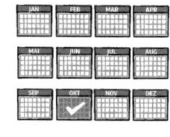

تشرين الأول / أكتوبر
....
Oktobermaand

تشرين الثاني / نوفمبر
....
Novembermaand

كانون الأول / ديسمبر
....
Dezembermaand

أشكال

Formen

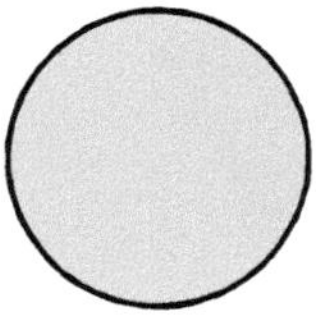

دائرة
....
Krink

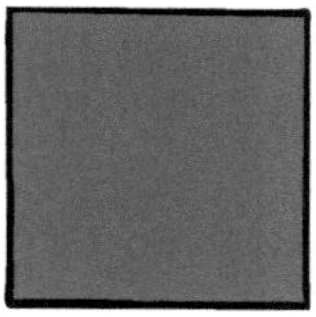

مربّع
....
Quadrat

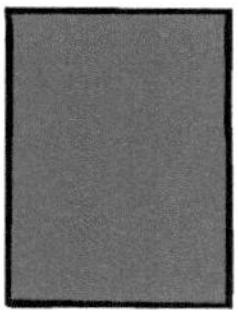

مستطيل
....
Rechteck

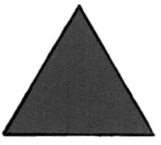

مثلّث
....
Dreeeck

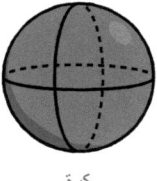

كرة
....
Kugel

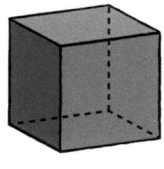

مكعب
....
Wörpel

ألوان
Farven

أبيض

witt

أصفر

geel

برتقالي

orangsch

وردي

pink

أحمر

root

بنفسجي

lila

أزرق

blau

أخضر

gröön

بنّي

bruun

رمادي

gries

أسود

swart

كثير / قليل

veel / wenig

غضبان / هادئ

böös / verdreeglich

جميل / قبيح

smuck / mies

بداية / نهاية

Begünn / Enn

كبير / صغير

groot / lütt

فاتح / قاتم

hell / düüster

أخ / أخت

Broder / Süster

نظيف / وسخ

schier / schietig

كامل / ناقص

kumpleet / nich kumpleet

نهار / ليل

Dag / Nacht

ميت / حيّ

doot / lebennig

عريض / ضيّق

breet / small

صالح للأكل / غير صالح

geneetbor / nich geneetbor

شرّير / لطيف

böös / fründlich

مثير / ممل

fickerig / langwielt

سمين / نحيف

dick / dünn

أولاً / أخيراً

toeerst / toletzt

صديق / عدو

Fründ / Fiend

مليء / فارغ

vull / leddig

صلب / ليّن

hart / week

ثقيل / خفيف

swoor / licht

جوع / عطش

Smacht / Döst

مريض / صحيح

krank / gesund

غير شرعي / شرعي

nich na't Recht / na't Recht

ذكي / غبي

klook / dummerhaftig

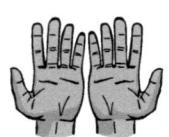

يسار / يمين

linkerhand / rechterhand

قريب / بعيد

neeg / feern

جديد / مستعمل

nieg / bruukt

لا شيء / بعض الشيء

nix / wat

مسن / شاب

oolt / jung

يشعل / يطفئ

an / ut

مفتوح / مغلق

apen / slaten

خافت / عالٍ

lies / luut

غني / فقير

riek / arm

صح / خطأ

richtig / verkehrt

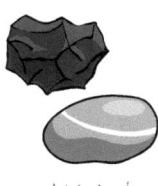

أحرش / املس

ruug / glatt

حزين / سعيد

trurig / glücklich

قصير / طويل

kort / lang

بطيء / سريع

suutje / flink

مبلول / جاف

natt / dröög

ساخن / بارد

warm / köhl

حرب / سلم

Krieg / Freden

أرقام
Tallen

0

صفر

null

1

واحد

een

2

اثنان

twee

3

ثلاثة

dree

4

أربعة

veer

5

خمسة

fief

6

ستة

söss

7

سبعة

söven

8

ثمانية

acht

9

تسعة

negen

10

عشرة

teihn

11

أحد عشر

ölven

12

اثنا عشر

twölf

13

ثلاثة عشر

dörteihn

14

أربعة عشر

veerteihn

15

خمسة عشر

föffteihn

16

ستة عشر

sössteihn

17

سبعة عشر

söventeihn

18

ثمانية عشر

achtteihn

19

تسعة عشر

negenteihn

20

عشرون

twintig

100

مائة

hunnert

1.000

ألف

dusend

1.000.000

مليون

million

اللغات

Spraken

الإنكليزية

Engelsch

الإنكليزية الأمريكية

Amerikaansch Engelsch

لغة ماندارين الصينية

Chineesch Mandarin

الهندية

Hindi

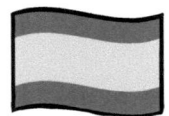

الإسبانية

Spaansch

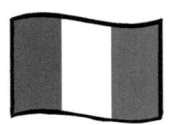

الفرنسية

Franzöösch

العربية

Araabsch

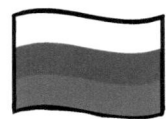

الروسية

Rusch

البرتغالية

Portugiesch

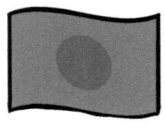

البنغالية

Bengaalsch

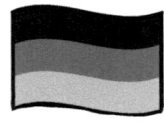

الألمانية

Düütsch

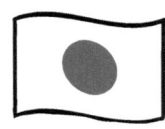

اليابانية

Japaansch

من / ماذا / كيف

wokeen / wat / wo

أنا

ik

أنت

du

هو / هي

he / se / dat

نحن

wi

أنتم

ji

هم

se

من؟

keen?

ماذا؟

wat?

كيف؟

woans?

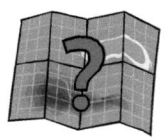

أين؟

woneem?

متى؟

wannehr?

اسم

Naam

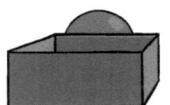

أين

wo

خلف

achter

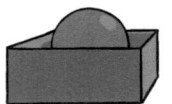

في

in

أمام

vör

فوق

över

على

op

تحت

ünner

جنب

blangen

بين

twüschen

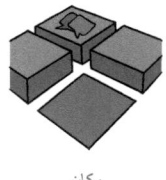

مكان

Oort